# ANDREW JACKSON

El hombre que democratizó
la política estadounidense

Por Eloi Piet
Traducido por Laura Bernal Martín

Historia en50MINUTOS.es

# ANDREW JACKSON

- **¿Nacimiento?** El 15 de marzo de 1767 en Waxhaw (Carolina del Sur).
- **¿Muerte?** El 8 de junio de 1845 en Nashville (Tennessee).
- **¿Partido político?** Partido Demócrata.
- **¿Fecha de las elecciones?** El 3 de diciembre de 1828 y el 5 de diciembre de 1832.
- **¿Duración del mandato?** Ocho años, de 1829 a 1837.
- **¿Principales aportaciones?**
  - Oposición al secesionismo de Carolina del Sur.
  - Reembolso de la deuda federal.
  - Refuerzo de los poderes presidenciales.
  - Cierre del primer banco federal.
  - Expulsión de los indios al oeste del Misisipi.
  - Apertura de los empleos públicos al pueblo llano.
  - Reafirmación del poder de los Estados Unidos en la escena internacional.

    > «El general Jackson, al que los norteamericanos pusieron dos veces al frente del país, es un hombre de carácter violento y de capacidad mediana. Nada en todo el curso de su carrera había demostrado que tuviese las cualidades requeridas para gobernar a un pueblo libre. [...] ¿Quién lo colocó en el asiento del Presidente y quién lo mantiene allí todavía?»[1] (Tocqueville 1864, 190).

Esta es la dura opinión que el historiador Alexis de Tocqueville (1805-1859) ofrece sobre Andrew Jackson en el segundo tomo de su obra *La democracia en América*, publi-

---

1. Cita traducida por 50Minutos.es

cado en 1840. ¿Se equivoca o tiene razón?

Es cierto que nada predestinaba a este irascible político a convertirse en presidente. El general Jackson nace en un entorno modesto carente del trasfondo sociocultural de las buenas familias de la costa este de las que provenían sus predecesores. Sin embargo, el pueblo estadounidense lo elegirá en dos ocasiones. Tocqueville afirma que Jackson le debe su éxito a su gloriosa defensa de Nueva Orleans contra los británicos en 1815. No obstante, su gran popularidad no se construyó en realidad en un día ni en un solo ámbito, y sus cualidades eran muchas. El séptimo presidente de los Estados Unidos es un hombre hecho a sí mismo, un jurista competente, un general autodidacta y un talentoso político que refuerza los poderes vinculados a su cargo, que vela por que en el extranjero se respete a la joven república y que sofoca las veleidades secesionistas que surgen en la misma. Así pues, Jackson encarna una sociedad en pleno cambio, por lo que son muchos los historiadores que hablan de una era jacksoniana para designar su presidencia.

El general, al que los británicos apodan American Lion («león americano»), le debe su reputación sobre todo a su voluntad de democratizar la vida política de su país, algo que lo ha convertido en uno de los presidentes más populares de los Estados Unidos.

# BIOGRAFÍA

## SOLDADO A LOS TRECE AÑOS, HUÉRFANO A LOS CATORCE

Los padres de Andrew Jackson, irlandeses de origen escocés, se establecen en Carolina del Sur en 1765. Dos años más tarde y poco después de la muerte de su padre nace Andrew, el tercer hijo de la familia. Su madre Elizabeth, ahora viuda, se muda a casa de su hermana e inscribe a sus hijos en escuelas presbiterianas.

Sin embargo, la personalidad de Jackson se forma en una escuela muy distinta: la de la guerra. Cuando tiene nueve años estalla un importante conflicto entre la metrópoli británica y sus trece colonias americanas: se trata de la guerra de la Independencia de los Estados Unidos, que se desarrollará entre 1775 y 1783. Los británicos, atados de pies y manos en Nueva Inglaterra, intentan conservar sus colonias del sur. Sin embargo, no cuentan con los patriotas locales, que vencen a los casacas rojas en Hanging Rock el 1 de agosto de 1780. Andrew, que participa en la batalla como oficial de enlace del bando americano, es capturado junto con su hermano Robert un año más tarde. Es golpeado en la cara y en las manos con una espada cuando se niega a limpiar las botas de un oficial británico, lo que lo dejará marcado para siempre por unas cicatrices que demuestran su indiscutible valentía y su patriotismo.

Litografía que representa a Andrew Jackson golpeado con una espada por un oficial británico.

Su madre consigue hacer que los liberen, pero por desgracia es demasiado tarde: Robert, que había caído gravemente enfermo durante su cautiverio, muere poco después de regresar. Seis meses más tarde, Elizabeth contrae el cólera en el puerto de Charleston y fallece poco después. A los catorce años, Andrew se queda huérfano. De esta triste infancia conserva una firme lealtad por los pioneros de la Frontera, una fe inquebrantable en la igualdad, un agudo sentido del honor, un patriotismo a prueba de balas y un profundo odio contra los británicos.

En la cultura norteamericana, la Frontera es el espacio conquistado, explorado y desarrollado por los colonos. En cuanto se acaba de colonizar esta zona y ya no hay más terrenos por explorar, los colonos sin tierra se ven obligados a probar suerte más al oeste. Por lo tanto, la Frontera no es fija: desde principios del siglo XVII hasta finales del XIX, esta se desplaza progresivamente de la costa este a la costa oeste de los Estados Unidos.

La Frontera, cuyo significado forja el historiador Frederick Jackson Turner (1861-1932) en un ensayo en 1893, tiene un peso determinante tanto en la geografía del país como en su cultura política. Turner muestra que el espíritu de conquista y de emprendimiento, la voluntad de dominar la naturaleza y el enfrentamiento entre los colonos de la Frontera y los amerindios han moldeado la mentalidad y la cultura política estadounidense de forma duradera, insuflándole el amor por la autonomía, la aventura y la libertad para emprender.

## JACKSON EN EL SENADO: UN ESCENARIO IMPROBABLE

Después de que el Tratado de París (1783) reconozca la independencia estadounidense, Jackson se instala en Salisbury, en Carolina del Norte, para estudiar Derecho. A pesar de su irascible carácter, logra diplomarse a finales de 1787. Entonces decide unirse a los pioneros que llegan a Tennessee y trabaja como procurador en una ciudad al este del estado, Jonesborough. Sin embargo, no se queda ahí mucho tiempo. Jackson, al que siempre le ha atraído la aventura, se instala en 1788 más al oeste, en Nashville, donde trabaja a la vez como abogado y como procurador local. Se instala en casa de la viuda Danelson, y no puede evitar fijarse en la hija de esta, Rachel (1767-1828), que está separada. Antes incluso de su divorcio —que obtendrá en 1793— Rachel y Andrew viven juntos, una situación que sacude a la puritana ciudad de Nashville. Después de casarse en el año 1794, adoptan un niño al que llaman Andrew Jackson Jr.

Esta unión le abre al futuro presidente las puertas de la alta sociedad de Tennessee. Este territorio, que ha superado los 60 000 habitantes, tiene la posibilidad de pedir su adhesión a la Unión como estado y de promulgar una constitución. Entonces se forma una Asamblea Constituyente para la que Andrew Jackson es elegido delegado el 19 de diciembre de 1795. Tras firmar la Constitución en junio de 1796, se le nombra representante de Tennessee en el Congreso. Pero su ascenso no termina aquí, ya que un año más tarde el joven es elegido al Senado. Sin embargo, se encuentra incómodo en una asamblea en la que lo rodean personas procedentes de la alta sociedad, y presenta su dimisión en 1798 para volver a Tennessee, donde ejerce durante seis años como juez en la Corte Suprema del estado. En 1804, compra la propiedad del Hermitage en Nashville, pero está a punto de entrar en la cárcel por antiguas especulaciones. Por ello, sentirá durante toda su vida aversión por el endeudamiento.

Comercia con Luisiana en 1802, un estado que se le compra

a Francia en 1803, y ese mismo año es elegido mayor general (comandante en jefe) de la milicia de Tennessee. Jackson es muy combativo y acumula duelos y heridas: en 1806, recibe una bala que se quedará alojada para siempre cerca de su corazón y, en 1813, otra en el hombro, que le extirparán durante su presidencia. Estas heridas refuerzan su reputación de hombre de hierro.

## LOS SENDEROS DE LA GLORIA Y DE LA PRESIDENCIA

Cuando en 1812 estalla una nueva guerra entre el Reino Unido y la joven nación estadounidense, a Jackson se le encarga defender la frontera sur de Tennessee, amenazada por los creeks, los aliados de los ingleses. Logra una aplastante victoria y les impone un tratado de paz con condiciones muy severas, lo que le vale el apodo de Old Hickory («viejo nogal», árbol conocido por la solidez de su madera). Es ascendido a general y encabeza una heteróclita tropa compuesta por milicianos, indios y piratas. Llega a Nueva Orleans, amenazada por veteranos británicos de las guerras napoleónicas, a los que diezma el 8 de enero de 1815.

Cuadro que representa a Andrew Jackson a la cabeza de tropas durante la batalla de Nueva Orleans.

El general, embriagado por su creciente popularidad, ataca la Florida española el 15 de marzo de 1818. Aunque es duramente criticado por esta decisión, encuentra el inesperado apoyo del secretario de Estado y ministro de Asuntos Exteriores John Quincy Adams (1767-1848), que obtiene cinco millones de dólares para comprar Florida. Jackson se convierte en su gobernador, pero solo se mantiene en su cargo cinco meses, puesto que se abren nuevos horizontes ante él: Washington y la presidencia.

Jackson, que no procede ni del noreste ni del sur de los Estados Unidos, y muy querido por su pueblo, es un candidato ideal para el Partido Demócrata-Republicano. En 1825 obtiene un gran número de votos, pero no los suficientes para ser elegido miembro de inmediato. Entonces, se presenta el resultado del escrutinio ante la Cámara de Representantes. Henry Clay (1777-1852), otro candidato demócrata-republicano, transmite a sus partidarios la consigna de votar a favor de John Quincy Adams que, una vez elegido presidente, lo convierte en su secretario de Estado. Jackson vuelve a Nashville, decepcionado. La avenencia de la que es víctima lo convierte en un mártir a ojos de la opinión pública. Entonces, sus partidarios vuelven a fundar el Partido Demócrata-Republicano, que se convierte en el Partido Demócrata, y ponen en marcha una verdadera maquinaria de guerra electoral. El presidente Adams, por su parte, no gusta en el sur, especialmente después de haberse negado a despojar a los amerindios de sus tierras —una frontera que Jackson no tendrá ningún problema en cruzar en el futuro—. Finalmente, este último es elegido triunfalmente en 1828 y se convierte en el séptimo presidente de los Estados Unidos de América.

La investidura de Andrew Jackson, cuadro de Allyn Cox, 1829.

# CONTEXTO POLÍTICO, SOCIAL Y ECONÓMICO

## LA LUCHA POR LA INDEPENDENCIA

La interpretación de la guerra de la Independencia estadounidense sigue siendo objeto de debate entre los historiadores: ¿fue un heroico combate de los colonos contra la tiranía británica, una simple revuelta fiscal o un movimiento social y político que anticipaba la Revolución francesa de 1789? Aunque la recaudación de impuestos por parte de Londres en América del Norte es vista con malos ojos, lo que lleva a la mayor parte de los colonos a inclinarse a favor de la independencia es la firmeza que demuestra la metrópoli contra Massachusetts, que se rebela en 1775. Los delegados de las trece colonias proclaman la independencia el 4 de julio de 1776 en Filadelfia durante el Congreso Continental. Gran Bretaña reacciona inmediatamente enviando a su flota y a sus tropas a América. En octubre de 1777, Francia, que hasta ese momento no había pasado a la acción, se posiciona a favor de la revolución estadounidense y permite que la joven nación se proclame vencedora al final de la batalla de Yorktown del 19 de octubre de 1781. Para el Imperio británico, esta derrota es la gota que colma el vaso. Londres pide que se negocie la paz y, dos años más tarde, estas negociaciones se cierran con la independencia de los Estados Unidos, firmada el 3 de septiembre de 1783.

Sin embargo, en junio de 1812 estalla un nuevo conflicto entre los Estados Unidos y el Reino Unido, presente en Canadá. Esta guerra, apodada segunda guerra de la Independencia, es provocada por unos Estados Unidos deseosos de lograr una victoria rápida. Sin embargo, dura dos años y medio. Pero, ¿por qué los Estados Unidos desafían a su antigua metrópoli apenas treinta años después de haber logrado la independencia? A menudo, el primer argumento que se pone sobre la mesa tiene que ver con la voluntad de ciertos políticos estadounidenses de apoderarse de Canadá. Aunque esto es cierto, no basta para justificar la entrada en guerra de los estadounidenses. Otro argumento se refiere al hecho de que la Royal Navy se adueña de forma abusiva de mercancías que se transportan en navíos estadounidenses sospechosos de comerciar con Francia, así como el reclutamiento forzoso de sus marinos en la guerra que enfrenta a la corona británica contra Napoleón I (1769-1821). A esto se le añade el miedo que sienten los estadounidenses a ver cómo los británicos ayudan desde Canadá a las tribus indias del oeste, el hecho de que se culpe al bloqueo británico de Europa de todas las desgracias que sufren los agricultores estadounidenses y la proximidad diplomática del presidente estadounidense James Madison (1751-1836) con el emperador francés, demasiado pronunciada para el gusto de Londres.

Mientras que las fragatas de la US Navy destacan por su audacia en el mar, la US Army tropieza en Canadá. Para rebajar la presión en este territorio, los británicos logran desembarcar en la costa este de los Estados Unidos, incendian Washington y bombardean Baltimore, cuya defensa servirá de inspiración al abogado Francis Scott Key (1779-1843) para componer el poema del que nace el himno estadounidense (Star-Spangled Banner, «La bandera tachonada de estrellas»). Los ingleses, que a pesar de todo se encuentran bloqueados en el noreste, se resignan a la paz, convencidos de poder obtener un tratado favorable gracias a las nuevas tropas que pueden incorporar a la batalla tras la derrota de Napoleón I en Europa. Deciden centrarse esencialmente en la ciudad de Nueva Orleans, fundada por los franceses y supuestamente fácil de controlar. Sin embargo, son derrotados de forma humillante por Andrew Jackson y sus 5000 soldados el 8 de enero de 1815. Esta victoria estadounidense les impide modificar a su favor los artículos del Tratado de Gante firmado el 24 de diciembre de 1814. Aunque la batalla de Nueva Orleans no es la causa directa de la paz, evita que esta desfavorezca a los Estados Unidos.

*La batalla de Nueva Orleans*, cuadro de Edward Percy Moran, 1910.

# EL SURGIMIENTO DE UNA NUEVA SOCIEDAD

Cuando se logra la victoria, cinco millones de estadounidenses viven en estados rurales dominados por élites conservadoras. Cuando Jackson es elegido presidente —casi medio siglo más tarde—, la imagen de la federación estadounidense está cambiando.

A principios del siglo XIX, los Estados Unidos experimentan una verdadera explosión demográfica. Entre 1800 y 1830, la población se duplica y llega a casi 13 millones de habitantes. Este aumento se debe tanto a las altas tasas de crecimiento natural de la sociedad estadounidense como a la llegada de inmigrantes europeos. Esta población joven busca tierras, pero en las trece antiguas colonias que forman el país ya no quedan muchas. Entonces, muchos pioneros se marchan para explorar otros territorios al oeste, lo que permite la creación de nuevos estados: Kentucky en 1792, Ohio en 1803 y Misisipi en 1817. Entre 1791 y 1837 nacen trece nuevos estados y, en 1830, uno de cada tres estadounidenses vive en uno de ellos.

Este crecimiento territorial se acompaña de una importante urbanización e industrialización. Los capitales y la tecnología llegada del Reino Unido estimulan el desarrollo de las ciudades del centro de la costa este y de Nueva Inglaterra. Los pequeños artesanos empobrecidos, perjudicados por la mecanización del trabajo, forman un proletariado urbano en rápido crecimiento. La América de los padres de la independencia —agraria, culturalmente muy próxima a Europa y gobernada por una pequeña élite de grandes propietarios—

ya no es más que un recuerdo.

La sociedad que surge es joven, dinámica y está marcada por el rechazo a las desigualdades políticas. Las trece colonias de 1776 se habían dotado de constituciones censitarias que no permitían votar a las mujeres ni a los esclavos, pero tampoco a los hombres blancos pobres. Los nuevos estados del oeste, en cambio, otorgan el derecho de voto a todo hombre mayor de veintiún años: así, el Tennessee de Andrew Jackson instaura el sufragio universal masculino en 1796. Presionados por la opinión pública, los estados del este siguen el ejemplo de los del oeste a lo largo de los años 1820 y, hacia 1840, el 90 % de los hombres estadounidenses libres votan. Esta aspiración a una mayor igualdad y democracia también estimula un movimiento a favor de la abolición de la esclavitud y de la igualdad civil entre negros y blancos, reivindicada por William Lloyd Garrison (1805-1879) y su revista *Liberator*. La cultura del compromiso de los años 1810-1820, época apodada la era de los buenos sentimientos, deja paso a una vida política mucho más polémica y marcada por la oposición de grandes partidos. Y esto es algo que no le viene nada mal a Jackson, candidato a las elecciones presidenciales de 1828.

## Los desafíos de las elecciones de 1828

En la escena política estadounidense de principios del siglo XIX destacan dos partidos: por un lado, los federalistas, encabezados por Alexander Hamilton (1755-1804), partidarios de un Estado federal fuerte y del sufragio censitario; por otro, los demócratas-republicanos, cuyo líder es Thomas Jefferson (1743-1826), que militan a favor del respeto del derecho de cada estado, de la igualdad entre blancos y de una limitación de los impuestos. Mientras que los primeros son los ancestros de los actuales republicanos, los segundos son, por su parte, los futuros demócratas. Aunque esta oposición desaparece al mismo tiempo que el partido federalista durante la era de los buenos sentimientos, vuelve a resurgir a finales de los años 1820 como consecuencia de la implosión del Partido Demócrata-Republicano en 1825. Los partidarios de Andrew Jackson fundan entonces el Partido Demócrata, mientras que una minoría de demócratas-republicanos que se oponen a él se unen a los antiguos federalistas para fundar el Partido Nacional-Republicano (o Partido Whig). Esta oposición perdura hasta finales de los años 1850, época en la que el Partido Nacional Republicano se ve superado por un nuevo partido que se posiciona a favor de los colonos del oeste y de la abolición de la esclavitud: el Partido Republicano, liderado por un tal Abraham Lincoln (1809-1865).

El Partido Demócrata está hecho a la medida de Jackson, y de él saca algunas de sus principales ideas: la defensa de los derechos de los estados y del pueblo, la limitación de los gastos federales y el mantenimiento de la Unión. Por su parte, sus oponentes, los miembros del Partido Nacional-Republicano —cuyo candidato a las elecciones presidenciales no es otro que John Quincy Adams—, son partidarios de un refuerzo del poder federal y del gasto público.

Las elecciones que tienen lugar en 1828 están marcadas por un claro aumento del número de electores habilitados para votar: 1 115 000 contra solo 350 000 en 1824. La tasa de participación alcanza un nivel inédito hasta entonces: el

57,6 % de los electores acuden a las urnas. Sin duda alguna, la generalización del sufragio universal masculino blanco juega a favor de Jackson. Pero esta no es su única ventaja, ya que aparece como un verdadero héroe nacional, a diferencia de Adams, que carga muy a su pesar con la etiqueta de candidato de Nueva Inglaterra. Sin embargo, las elecciones no son un camino de rosas para Jackson. Sus oponentes no se lo ponen fácil, sacando a la luz sus extravagancias, sus duelos, su matrimonio cuestionable a ojos de la moral o hasta su falta de buenas maneras. Finalmente, el apoyo de John Caldwell Calhoun (1782-1850), vicepresidente de Adams e influyente político de Carolina del Sur, hace que la balanza se incline definitivamente a favor de Jackson gracias los numerosos votos del sur que atrae. Andrew Jackson acaba ganando las elecciones con 647 000 votos y 178 grandes electores contra los 139 000 votos y 95 grandes electores de Adams. El 4 de marzo de 1829, día de la investidura de Jackson, 10 000 ciudadanos acuden a ovacionarlo en Washington. La multitud llega incluso a entrar en la Casa Blanca pero, por suerte, no se registra ningún incidente.

### ¿Sabías que...?

Actualmente, la vida política estadounidense sigue regida por los partidos republicano y demócrata. Mientras que el primero es conservador en el plano social, liberal en el económico y se muestra a favor de una política extranjera agresiva, el segundo está más abierto a los debates sociales y, en teoría, favorece más a la población desfavorecida. Desde la elección del demócrata Franklin Pierce (1804-1869) en 1852, todos los presidentes y la mayor parte de los altos cargos de la Administración estadounidense se reparten entre estos dos partidos: por eso hablamos de un sistema bipartidista o de bipartidismo.

# MOMENTOS CLAVE

Aunque los primeros años de la presidencia de Andrew Jackson no se ven marcados por ninguna crisis importante, enseguida toma una serie de medidas que considera esenciales: coloca a muchos de sus partidarios en cargos administrativos, abre los empleos públicos a todos y limita los grandes trabajos federales para reducir los gastos del Estado. En términos más generales, lanza una exitosa cruzada contra el endeudamiento público que lleva a que, en 1835, la deuda del país se haya rembolsado por completo, uno de sus triunfos de los que más orgulloso se siente. Su primer mandato se cierra sin demasiado revuelo, hasta que el Banco Nacional intenta cogerlo por sorpresa.

## EL PULSO CONTRA EL BANCO NACIONAL (1832-1836)

El Banco Nacional, importante actor de la economía y de la política estadounidense, se funda en 1791 y después se refunda en 1816. Esta institución retoma los grandes rasgos del proyecto que Alexander Hamilton presenta en 1790 ante el Congreso: se trata de un banco semipúblico, ya que está financiado por el Estado y compra su deuda, y semiprivado, puesto que la mayor parte de las acciones están en manos de grandes capitalistas. El Banco Nacional, que apoya a los inversores y controla la emisión de dinero, está obligado a reducir la dependencia de los Estados Unidos del capital británico, además de financiar un desarrollo autónomo de la industria estadounidense. Andrew Jackson se opone firmemente a él, una postura a primera vista paradójica al venir de este adalid de la independencia estadounidense.

Al principio, las quejas de este último contra el Banco Nacional son de orden económico. El presidente le reprocha la fluctuación de los tipos de cambio, así como el hecho de que sea financiado mediante los impuestos de los ciudadanos al tiempo que solo beneficia a una minoría de accionistas. Pero sus reprobaciones también son políticas: Jackson, defensor de los más débiles, se niega a abandonarlos bajo la dependencia de una institución que busca el monopolio. Teme ver cómo el poder federal utiliza al Banco Nacional como herramienta todopoderosa y le molesta la desafortunada tendencia que tienen los dirigentes del mismo a influir en el Gobierno, sobre todo cuando se acercan las elecciones.

Sin embargo, esto es precisamente lo que sucede poco antes de las elecciones de 1832, cuando la dirección del Banco Nacional le pide al Congreso una renovación prematura del reglamento que fija las normas de funcionamiento del banco como contrapartida de su autorización legal. No obstante, como el reglamento anterior no vence hasta 1836, no hay que darse prisa. Sin embargo, el objetivo de esta maniobra es poner en un aprieto al presidente, candidato a la reelección, en un tema que divide al bando demócrata. Esta treta es totalmente contraproducente, porque Jackson pone orden en las filas demócratas y, el 10 de julio de 1832, veta la decisión del Congreso de renovar el reglamento. Además, transforma este pulso iniciado por el Banco Nacional en argumento de campaña electoral: hay que votar a Jackson, el único defensor de los pequeños ahorradores que lucha contra los oligarcas de la institución. Se trata de una inteligente estrategia, ya que su adversario Henry Clay, que se declara partidario del Banco Nacional, sale derrotado de las elecciones presidenciales: solo obtiene 49 votos en el Colegio Electoral, contra los 219 de Jackson. Por otra parte, el 30 de enero de 1835 el presidente logra escapar milagrosamente de un intento de asesinato —las pistolas de su agresor se atascan—, lo que hace que parezca aún más invulnerable. Finalmente, en 1836 decide desmantelar el Banco Nacional, cuyos fondos se reparten entre veintitrés bancos de Estado más pequeños y, según las malas lenguas, más sometidos a los deseos presidenciales. Esta decisión acarreará importantes consecuencias económicas y políticas.

De momento, Jackson quiere mostrar que no es un presidente que se deja pisotear, un mensaje que, sin embargo, no todo el mundo comprende.

El desmoronamiento del Banco Nacional.

# LA CRISIS DE LA ANULACIÓN (1832-1833)

Andrew Jackson, que sigue deseando limitar la deuda del Estado federal, decide aumentar los ingresos financieros al final de su primer mandato. En esta época, estos proceden de dos fuentes principales: los impuestos sobre el comercio internacional y la especulación sobre las tierras indias. Para ello, aumenta los aranceles aduaneros, no solo para llenar las arcas del Estado sino también para proteger a una emergente industria estadounidense de su temible competencia británica. A continuación, estos aranceles serán revisados al alza por presidentes deseosos de ganarse los favores del electorado del centro y del noreste industrializados. Sin embargo, esta medida enfada al sur, cuya economía se basa en la exportación de productos tropicales (tabaco y, sobre todo, algodón) hacia el Reino Unido y al que, por lo tanto, no le interesa que este último tome medidas de represalia en sus aduanas. Así, Jackson va demasiado lejos en su cruzada contra el endeudamiento y provoca una revuelta antifederal en el sur.

La situación es particularmente desagradable para Jackson porque Calhoun, su vicepresidente, intenta manipularlo. Y no es la primera vez que lo hace: en 1828, ya había publicado un texto antifederalista titulado *South Caroline Exposition and Protest* («Exposición y protesta de Carolina del Sur») con el fin de empujar al futuro presidente a que tomara medidas a favor de la autonomía de los estados. Pero una vez en el poder, Jackson pasa a defender el poder federal y no escucha a Calhoun. Irritado, este último reitera su postura en 1830, lo que aviva la polémica en el Congreso entre los representantes y los senadores del norte, del sur y del oeste. El presidente no cede y, durante una recepción a la que Calhoun ha sido invitado, pronuncia un célebre brindis: «Our Union. It must be preserved» («Nuestra Unión.... ¡tenemos que preservarla!», La voz liberal 2011). En 1832, el que el vicepresidente se posicione públicamente a favor de los estados sudistas es la gota que colma el vaso, y se ve obligado a dimitir.

Calhoun, ahora desde la oposición, se convierte en adalid del derecho de los estados a rebelarse contra el aumento de los aranceles aduaneros. Defiende la idea de que el Estado tiene derecho a oponerse a una ley del Congreso sin por ello tener que abandonar la Unión y, *de facto*, a anular la aplicación de una ley federal. «Anular» se dice «to nullify» en inglés, y el enfrentamiento entre el antiguo vicepresidente y Jackson pasa enseguida a conocerse como «Crisis de la Anulación». La tensión alcanza su punto álgido cuando Carolina del Sur convoca su asamblea el 24 de noviembre de 1832, anula la subida de los aranceles aduaneros en su territorio y amenaza al Congreso con la secesión si se enfrenta a esta decisión.

El presidente Jackson, al que se ha desafiado abiertamente, se toma muy en serio la amenaza secesionista. En enero de 1833, le pide al Congreso una medida punitiva, una Force Bill («ley de fuerza») que autorice el Gobierno federal a emplear la fuerza para recaudar impuestos y una medida persuasiva que consiste en bajar los aranceles aduaneros devolviéndolos a su valor de 1816 —un gesto de buena voluntad dirigido a los grandes cultivadores del sur. No se contenta con esta política de recompensas y castigos, por lo que el 10 de diciembre de 1832 publica la *Proclama al pueblo de Carolina del Sur*. En ella, recuerda que la Constitución es democrática porque ha sido ratificada por los representantes del pueblo de cada uno de los estados, y que la anulación de las decisiones del Congreso, basadas en esta misma Constitución, es fuente de discordia en la Unión y, por tanto, reprensible. Los dirigentes de Carolina del Sur, atrapados por sorpresa, no cumplen sus amenazas. Así, el Estado federal logra preservar su cohesión y reafirmar su autoridad, y Carolina del Sur obtiene lo que deseaba conseguir a la fuerza: una reducción de los aranceles aduaneros. Cabe destacar que a menudo se ha interpretado esta crisis como un ensayo general de la guerra de Secesión (1861-1865); sin embargo, se trata de una visión injustificada de las cosas en la medida en que, en 1828, solo un estado del sur da el paso, y solo lo hace a medias.

## LA EXPULSIÓN DE LOS INDIOS AL OESTE DEL MISISIPI (1833-1838)

La convivencia entre los estadounidenses y los amerindios es tensa desde el fin de la guerra de Independencia, y con razón: muchos amerindios han luchado con la corona, que les había prometido defender sus tierras de los colonos; sin embargo, durante la guerra anglo-estadounidense de 1812, algunas tribus (creeks, shawnee, delaware, etc.) se ponen otra vez del lado británico, lo que empeora aún más la imagen de los amerindios entre la opinión pública estadounidense. A esto se le añade el sentimiento de superioridad de los colonos en relación con los pieles rojas, que se ve reforzado por el éxito de la joven república.

Tras la guerra anglo-estadounidense, el presidente Madison quiere aliviar las tensiones y simplemente les propone a los indios que abandonen sus tradiciones y el nomadismo. Aunque esta proposición es difícil de aceptar, algunas tribus deciden hacerlo. Este es el caso de las cinco naciones (las tribus cheroquis, chickasaws, choctaws, creeks y semínolas), situadas en el sureste de los Estados Unidos, que al entrar en el siglo XIX ya habían adoptado el cristianismo, el alfabeto latino y las formas de agricultura europeas. Estas tribus, politizadas y con ganas de integrarse, piensan que podrán encontrar su lugar en la república. Sin embargo, su negativa a ceder sus tierras despierta la ira de los estados en los que viven, especialmente en el de Georgia. En efecto, desde 1803 y con la compra de Luisiana, los pioneros tienen una gran tentación: expulsar a los amerindios hacia el oeste del Misisipi.

En vísperas de que Jackson salga elegido, la evolución de las tensiones entre estas cinco tribus y los estados del sur sigue siendo incierta. Aunque el presidente de la Corte Suprema, John Marshall (1755-1835), desestima las denuncias de los cheroquis contra Georgia con el fallo Cherokee Nation vs. Georgia, el presidente John Quincy Adams prohíbe al estado expulsar a la tribu. Cuando Jackson gana las elecciones en 1828, sabe que la derrota de su rival se debe sobre todo a su moderación en lo que se refiere a la cuestión india. En cambio, él es hijo de un pionero, por lo que no se muestra muy abierto sobre el tema. Impulsado por su deseo de reducir la deuda pública —recordemos que los beneficios vinculados a la especulación sobre las tierras indias constituyen la segunda fuente de ingresos del Estado federal—, el nuevo presidente se pronuncia en 1829 a favor de la transferencia de los amerindios al oeste del Misisipi y, en 1830, no veta la ley del Congreso que autoriza a los estados a expulsar a las poblaciones amerindias. En 1831, la expulsión de los choctaws en condiciones especialmente duras da lugar al nacimiento de la expresión «sendero de lágrimas», que volverá a utilizarse después de la presidencia de Jackson para referirse a la expulsión de los cheroquis en 1838. Esta nación —la última de las cinco que es expulsada de su territorio—, pierde a un cuarto de los suyos por el camino.

En 1834, Andrew Jackson delimita un territorio al oeste del Misisipi reservado a los amerindios expulsados: Oklahoma. Este estado, que ya estaba poblado por otras tribus, es menos hospitalario que los ricos territorios del este, sin olvidar que los préstamos concedidos por el Congreso para el establecimiento de las cinco tribus no son de ninguna manera suficientes. Aunque no se muestra muy a favor de los amerindios en esta cuestión, en realidad el presidente cree que está actuando por su bien: los mantiene alejados de los blancos para que puedan preservar su identidad. También quiere, ante todo, reforzar la seguridad del Estado federal. Irónicamente, el ejército federal necesitará tres guerras para acabar con la resistencia de los semínolas de Florida, que aguantará hasta 1858.

## LA POLÍTICA EXTRANJERA, ENTRE MODERACIÓN Y RIGOR

Jackson se muestra implacable con los amerindios, pero moderado con el Reino Unido. Los años pasan y la complementariedad económica y política entre los Estados Unidos y su antigua metrópoli es cada vez más evidente. El presidente, patriota pero pragmático, pone de esta forma fin a un viejo litigio comercial: los puertos estadounidenses se abren a los barcos procedentes de los puertos ingleses situados en las islas del Caribe, y viceversa.

Jackson también es moderado con México. Sin embargo, la cuestión de Texas hace que el nivel de tensión entre ambos países se incremente. Esta antigua provincia española, que se une a México después de su independencia en 1821, atrae a un gran número de pioneros estadounidenses, que se convierten en mayoría y reclaman al Gobierno mexicano una mayor autonomía; sin embargo, este se niega y los pioneros se rebelan. Los texanos defienden desesperadamente el fuerte de El Álamo en marzo de 1836, lo que exalta los ánimos de los Estados Unidos, y una parte de la opinión pública pide la intervención del presidente Jackson. Este acepta que se reconozca la independencia de Texas, proclamada el 2 de marzo de 1836, pero no hace nada por acelerar su anexión al país. Finalmente, habrá que esperar a que el Congreso la apruebe hasta marzo de 1845, tres meses antes del fallecimiento de Andrew Jackson.

Paradójicamente, el presidente se muestra mucho más duro con su gran aliado de la independencia: Francia. Lo cierto es que, a partir de 1783, las relaciones con París empeoran: la presión naval de la Francia revolucionaria sobre la flota comercial estadounidense, sospechosa de servir a los intereses de Londres, lleva incluso a una cuasi-guerra entre 1798 y 1800, durante la que Napoleón Bonaparte promete indemnizar a los armadores estadounidenses. Este último, convertido en emperador, olvida su promesa y los Borbones que le suceden tampoco están mucho más dispuestos a mantener su palabra. Las indemnizaciones aún no se han concedido veinte años más tarde, por lo que Jackson presiona a París y, en 1835, llega incluso a hablar de guerra. El pacífico rey Luis Felipe I (1773-1850), que no tiene ganas de enfrentarse a Jackson, paga en 1836 cinco millones de dólares en concepto de indemnización. Así, el presidente hace que se respete a los Estados Unidos entre los grandes. Además, el tratado comercial que firma con Siam (actual Tailandia) en 1833 es el primer tratado entre los Estados Unidos y un Estado asiático.

Andrew Jackson se asegura su sucesión en el seno del Partido Demócrata y contribuye a que su amigo Martin Van Buren (1782-1862) sea elegido presidente del país a finales de 1836. Después se retira al Hermitage, desde donde ejerce eventualmente de asesor para la Casa Blanca, por lo que su influencia en la política estadounidense sigue siendo de peso. Muere en 1845, a los 78 años, probablemente debido a un ataque al corazón. Es enterrado en su jardín al lado de su esposa, que había fallecido en 1828.

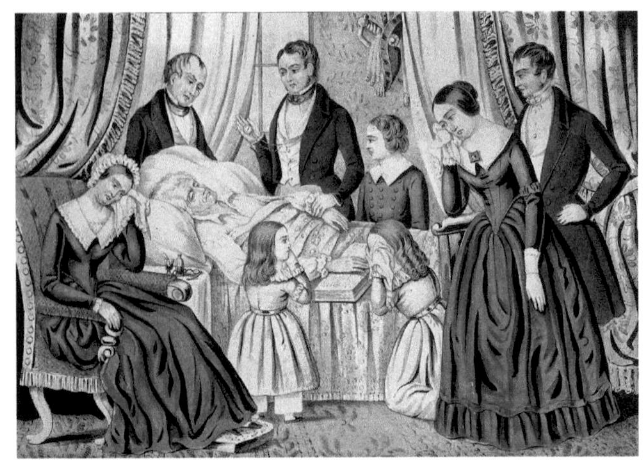

Fallecimiento del presidente Jackson.

# REPERCUSIONES

Andrew Jackson, en vida adorado por unos y odiado por otros, deja tras su paso por la presidencia un recuerdo contradictorio. Su determinación al frente de los asuntos de Estado, su patriotismo a prueba de fuego y su preocupación por el pueblo llano lo convierten en un profeta político. Prevé el peso del oeste en la Unión, el surgimiento de una poderosa diplomacia estadounidense en la escena internacional y la democratización de la vida política.

## EL BLANCO DE NUMEROSOS REPROCHES

Tras el fin de su mandato, sus oponentes manchan su recuerdo al reprocharle su carácter iracundo y el clientelismo que habría demostrado al nombrar a funcionarios federales. También se señala su venganza en el caso del Banco Nacional y, sin lugar a dudas, las consecuencias económicas de la supresión de esta institución afectan mucho a su imagen: la delegación del control de la emisión de los dólares papel a 23 bancos escogidos por Jackson estimula la inflación y fragiliza a los Estados Unidos en el mismo momento en que llega de Europa una grave crisis económica. El autoritarismo de King Andrew —apodo que le ponen sus adversarios— impulsa a las personas descontentas a reagruparse y, como consecuencia, precipita la refundación del Partido Nacional-Republicano. Los efectos económicos de la supresión del Banco Nacional y los efectos políticos del renacimiento del Partido Nacional-Republicano son una verdadera bomba de relojería lista para explotar en las manos de Martin van Buren, que se presenta candidato para un segundo mandato pero es aplastado por los whigs en 1840. De esta forma, poco antes de la muerte de Andrew Jackson, su herencia se ve salpicada por una primera derrota.

A largo plazo, las consecuencias de la supresión del Banco Nacional acaban por ensombrecer la reputación del expresidente. Según historiadores de principios del siglo XX, su desaparición habría privado a los Estados Unidos de una moneda estable y de una política de crédito nacional. Sin embargo, la mayor parte de los reproches contra Jackson en el siglo XX van en otro sentido y son bastante más agresivos. Historiadores contestatarios y los líderes de las minorías étnicas denuncian la terrible expulsión de los amerindios al oeste del Misisipi, su silencio sobre la cuestión de la esclavitud —el propio Jackson compra esclavos en 1824— así como, en términos más amplios, el símbolo que constituye *a posteriori* del poder del WASP (acrónimo de «White, Anglo-Saxon and Protestant», es decir, «blanco, anglosajón y protestante») en la Unión.

## PESE A TODO, UNA HERENCIA INSOSLAYABLE

Entonces, ¿cómo se explica el hecho de que este presidente siga presente en el panteón presidencial estadounidense y en los billetes de 20 dólares? Para empezar, porque Andrew Jackson reforzó considerablemente los poderes vinculados a la función presidencial. Mientras que los presidentes precedentes se aferraban a su papel de árbitro entre las diferentes facciones del Gobierno y tan solo utilizaban su derecho de veto para proteger la Constitución de 1787 de cualquier acto teantidemocrático por parte del Congreso, Jackson recurre a este derecho a lo largo de sus dos mandatos más veces que todos sus predecesores juntos. Se opone a toda decisión del Congreso que considere perjudicial para la libertad del ciudadano, como la renovación del reglamento del Banco Nacional en 1832. De esta manera, transforma en gran medida el papel del presidente, que pasa de ser un árbitro a participar en los debates políticos.

Por otra parte, y debido a sus polémicas decisiones, Andrew Jackson refuerza el bipartidismo, efectivamente pues reagrupa en su contra a partidarios del Banco Nacional o, durante la Crisis de Anulación, a defensores de los derechos de los estados dentro del Partido Nacional-Republicano. Sin embargo, se le reprocha este refuerzo del bipartidismo, ya que habría degenerado en el clientelismo electoral, llamado en inglés *spoil system*. Se trata de una recriminación parcial, ya que esta práctica —que consiste en remplazar funcionarios competentes por tus propios partidarios— ya existía antes de Jackson, que no hace más que reforzarla. Por otra parte, el bipartidismo refuerza los derechos de los pequeños electores frente al apartado estatal, puesto que obliga a los demócratas y a los nacional-republicanos a buscarse los favores del electorado popular, lo que explica que el bipartidismo haya suscitado admiración en los observadores europeos.

# JACKSON, LA VIVA ENCARNACIÓN DE LA DEMOCRACIA

El general Jackson, un hombre común que se convierte en presidente, no teoriza su pensamiento político, pero lo hace evidente a través de sus actos. Al multiplicar por siete el número de empleos públicos abiertos a la clase popular, quiso arrebatarle la política y la carrera administrativa a los pocos descendientes acomodados de los líderes de la independencia. Esta preocupación por la democratización repercute sobre los partidos: en vez de ser cooptados a puerta cerrada, sus candidatos y dirigentes locales son elegidos a través de convenciones generalizadas en todos los estados. En 1831, el Partido Antimasónico emplea por primera vez este sistema en unas elecciones presidenciales. Los partidos, ahora auténticas máquinas de guerra electoral, se dirigen a los electores con periódicos, canciones, desfiles con antorchas o pícnics electorales, que pronto se convierten en elementos característicos de la vida política estadounidense. Estos auténticos ritos democráticos calan tan hondo en la gente que, durante el primer mandato de Jackson, asistimos a una eclosión de micropartidos a nivel local. Su triunfo electoral de 1832 da fe del gran salto hacia delante de la democracia.

Jackson encarna en todos los aspectos principios heredados de su entorno: preocupación por el pueblo llano, limitación de los abusos del Gobierno federal sobre los estados y los individuos, férrea defensa de la Unión y rechazo obstinado a dejar que una minoría de políticos y financieros acaparen el Estado en su propio y único beneficio. Sin embargo, a pesar de ser desacreditado por culpa de su autoritarismo, sabe unir a los estadounidenses en tiempos de crisis —durante la Crisis de Anulación—, con un éxito equiparable al que logra al frente de su heteróclita tropa ante Nueva Orleans. Andrew Jackson es un hombre testarudo sin ser cerrado de miras, populista sin ser demagogo, chovinista sin caer en los encantos del imperialismo, alguien que encarna con valor las profundas aspiraciones de los jóvenes Estados Unidos: la democracia interna y el respeto externo, siempre en términos de paz. Por mucho que a Tocqueville no le gustara, estaba capacitado para ejercer su cargo.

# EN RESUMEN

**1767**
*15 mar.*: nacimiento de Andrew Jackson

**1775-1783**
Guerra de la Independencia
de los Estados Unidos

**1783**
*3 sept.*: independencia de los Estados Unidos

**1795**
*19 dic.*: Andrew Jackson es elegido diputado
de la Asamblea Constituyente
de Tennessee

1796
*Jun.*: **Andrew Jackson es elegido
representante de Tennessee
al Congreso**

**1797**
Andrew Jackson es elegido al Senado

**1798-1805**
Andrew Jackson es juez en la Corte
Suprema de Tennessee

**1803**
Andrew Jackson es nombrado mayor
general

**1812-1815**
Segunda guerra de la Independencia

- Andrew Jackson, que se convierte en héroe nacional tras el papel clave que desempeña en la guerra anglo-estadounidense de 1812, se presenta como un candidato ideal para aspirar a la presidencia, y en 1828 es elegido triunfalmente séptimo presidente de los Estados Unidos.

- Ferviente enemigo del endeudamiento público, se dedica ya desde sus primeros años de mandato a rembolsar la deuda estadounidense, un objetivo que logrará en 1835. Para ello, aumenta los aranceles aduaneros, una medida que irrita al sur, cuya economía se basa en la exportación. A continuación tiene lugar una importante crisis y, a finales de 1832, Carolina del Sur llega a amenazar con la secesión. Finalmente, Jackson logra preservar la cohesión del Estado federal.

- Por otra parte, al final de su primer mandato, le echa un pulso al Banco Nacional e incluso lo convierte en un argumento de campaña, presentándose como un defensor de los pequeños ahorradores, algo que le permite ser reelegido en 1832. Finalmente, en 1836 decide desmantelar a esta todopoderosa institución, una decisión que tendrá graves consecuencias y que a menudo se le recriminará en el futuro.

- Jackson, que llega al poder gracias a una participación cada vez mayor de los ciudadanos en las elecciones, los implica más en la vida política abriéndoles las puertas a los empleos públicos. Así, le arrebata la política y la carrera administrativa al puñado de descendientes acomodados de los líderes de la independencia.

- Apoyado por los fundadores del Partido Demócrata, al que pertenece, hace que los del Partido Nacional-Republicano estén en su contra y de esta manera contribuye al renacimiento del bipartidismo en los Estados Unidos. Este sistema bipartidista, que fuerza a los demócratas y a los nacional-republicanos a buscarse el favor del electorado popular, refuerza los derechos de los pequeños electores frente al aparato del Estado.

- El último lugar, Andrew Jackson, que se muestra hostil con los amerindios, no se opone a la expulsión de las cinco naciones de los estados del sur, poniendo así fin a su intento por integrarse en la democracia estadounidense. Además, siendo propietario de esclavos antes de su elección y temiendo debilitar a la Unión, no se posiciona a favor o en contra de la esclavitud o del abolicionismo, entre cuyos partidarios se abre una brecha cada vez mayor.

*¡Tu opinión nos interesa!*
*¡Deja un comentario en la página web de tu librería en línea,*
*y comparte tus favoritos en las redes sociales!*

# PARA IR MÁS ALLÁ

## FUENTES BIBLIOGRÁFICAS



- Buel, Richard Jr. 2006. "Andrew Jackson". *Historical Dictionnary of the Early American Republic*, 143-145. Oxford: ScarecrowPress.
- Desbiens, Albert. 2012. *Histoire des États-Unis des origines à nos jours*. París: Nouveaux Mondes.
- Lacroix, Jean-Michel. 2010. *Histoire des États-Unis*. París: PUF.
- La voz liberal, "Hamilton en el siglo XXI", 2011. Consultado el 10 de mayo de 2017. https://lavozliberal. wordpress.com/alexander-hamilton-su-vida-y-sus-ideas/
- Parton, James. 1967. *The Presidency of Andrew Jackson*. Nueva York: Harper & Row.
- Portes, Jacques. 1991. *Les États-Unis. De l'indépendance à la Première Guerre mondiale*. París: Armand Colin.
- Remini, Robert V. 2000. "Andrew Jackson". *American National Biography Online*. Oxford: Oxford University Press. Consultado el 17 de marzo de 2017. http://www. anb.org/
- Schlesinger, Arthur Meier. Jr. 1945. *The Age of Jackson*. Boston: Little, Brown and Company.
- Serme, Jean-Marc. 2012. *Andrew Jackson: l'homme privé. Émotions et sentiments d'un homme de l'Ouest 1767-1845*. París: L'Harmattan.
- de Tocqueville, Alexis. 1864. *De la démocratie en Amérique*. París: Michel Lévy frères.
- Vincent, Bernard. 2012. *Histoire des Etats-Unis*. París: Flammarion, colección *Champs Histoire*.

# FUENTES ICONOGRÁFICAS

- Litografía que representa a Andrew Jackson golpeado con una espada por un oficial británico. La imagen reproducida está libre de derechos.
- Cuadro que representa a Andrew Jackson a la cabeza de tropas durante la batalla de Nueva Orleans. La imagen reproducida está libre de derechos.
- La investidura de Andrew Jackson, cuadro de Allyn Cox, 1829. La imagen reproducida está libre de derechos.
- *La batalla de Nueva Orleans*, cuadro de Edward Percy Moran, 1910. La imagen reproducida está libre de derechos.
- El desmoronamiento del Banco Nacional. La imagen reproducida está libre de derechos.
- Fallecimiento del presidente Jackson. La imagen reproducida está libre de derechos.

en50MINUTOS.es
Historia
Economía y empresa
Coaching
Book Review
Salud y bienestar
EL DIAGRAMA DE ISHIKAWA
Material
Método
Máquina
Madre Naturaleza
Medida
Hombres
LA GUERRA DE PALESTINA DE 1948
DOMINA EL ARTE DEL NETWORKING
¡APRENDER NUNCA ANTES FUE TAN RÁPIDO!
www.en50minutos.es